Criaturas rastreras

LAS TERMITAS

LYN SIROTA

BLACK RABBIT BOOKS

Bolt es una publicación de Black Rabbit Books
P.O. Box 3263, Mankato, Minnesota, 56002.
www.blackrabbitbooks.com

Marysa Storm, editora; Grant Gould, diseñador;
Omay Ayres, investigación fotográfica
Traducción de Travod, www.travod.com

Información del catálogo de publicaciones de la biblioteca del congreso
ISBN 978-1-62310-203-6

Impreso en los Estados Unidos de América

Créditos de las imágenes

Alamy: Avalon/Photoshot License, 22–23 (superior); morgan hill, 26; iStock: Atelopus, 21 (superior); PK6289, 8–9; GlobalP, 24 (mamífero); Teresa Otto, 14 (pie); Newscom: Mitsuhiko Imamori/Minden Pictures, 4–5; Piotr Naskrecki/Minden Pictures, 21 (pie); Shutterstock: AmyLv, 24 (madera); Andrew Paul Deer, 28–29; Anteromite, 24 (hormigas); Apisit Wilaijit, 17; Anut21ng Photo, 18; Chaikom, 22; chakkrachainicharat, 6, 24 (termitas); Chipmunk131, 29; Cora Unk Photo, 14 (superior); iamporpla, 28; khlungcenter, 32; KiattisakCh, 24 (caca); leungchopan, 27; moj0j0, 12–13 (silueta), 16; NNphotos, 11 (superior); Oleksandr Lytvynenko, 24 (hierba); opportunity_2015, 15; Pedristico, 1, 31; PK6289, Cover, 22–23 (pie); plew koonyosying, 3; Protasov AN, 23; Snowboard School, 12–13 (fondo); Susan Schmitz, 24 (lagartija); Sylvie Lebchek, 11 (pie); Syrus Neilson, 11 (medio)

Se ha hecho todo esfuerzo posible para establecer contacto con los titulares de los derechos de autor del material reproducido en este libro. Cualquier omisión será rectificada en impresiones posteriores previo aviso a la editorial.

CONTENIDO

CAPÍTULO 1

Conoce a la TERMITA

Corre hacia aquí. Corre hacia allá. El nido de las termitas está lleno de ajetreo y bullicio. Las ocupadas termitas obreras cuidan de la reina. Algunas obreras la alimentan. Otros la limpian. Mientras tanto, otras obreras reparan el nido. Usan excremento y saliva para arreglarlo. Las termitas soldados están listas para advertir del peligro. Su trabajo es proteger a la **colonia** de los atacantes.

TERMITA
REINA
TERMITAS
OBRERAS

COMPARACIÓN DE TAMAÑOS

Insectos sociales

Los nidos de termitas son lugares concurridos. Están llenos de termitas pálidas, ciegas y sin alas. Son soldados u obreras. Solo las termitas que pueden **reproducirse** tienen ojos y alas. Son futuros reyes y reinas.

Las termitas **se comunican** usando señales **químicas**. Cada colonia tiene su propio olor. Las termitas también golpean la cabeza contra las paredes para advertir sobre el peligro. Las termitas que se encuentran dentro detectan las **vibraciones**.

hasta 4,3 pulgadas (11 cm)

4 5

CARACTERÍSTICAS DE LAS TERMITAS

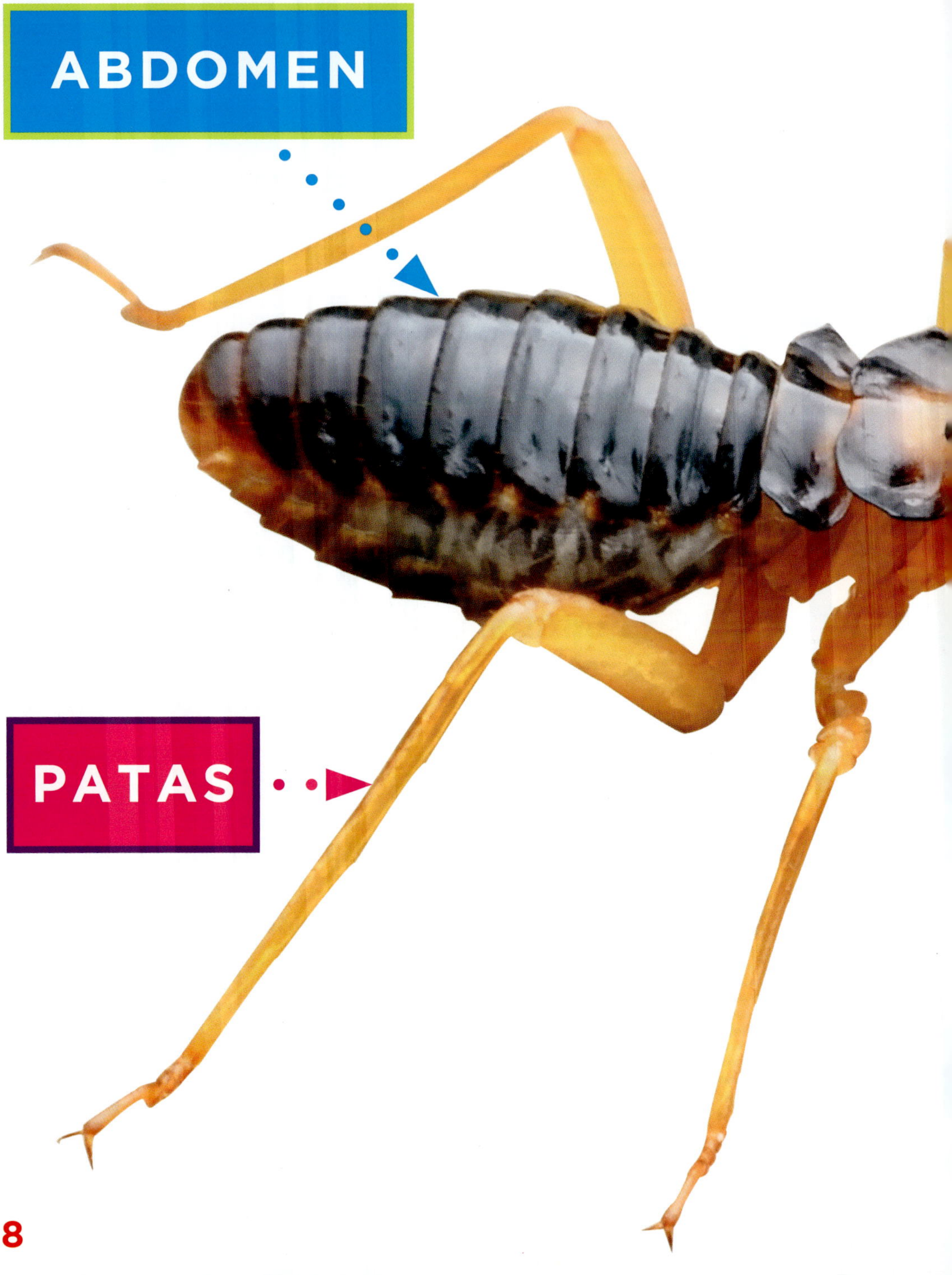

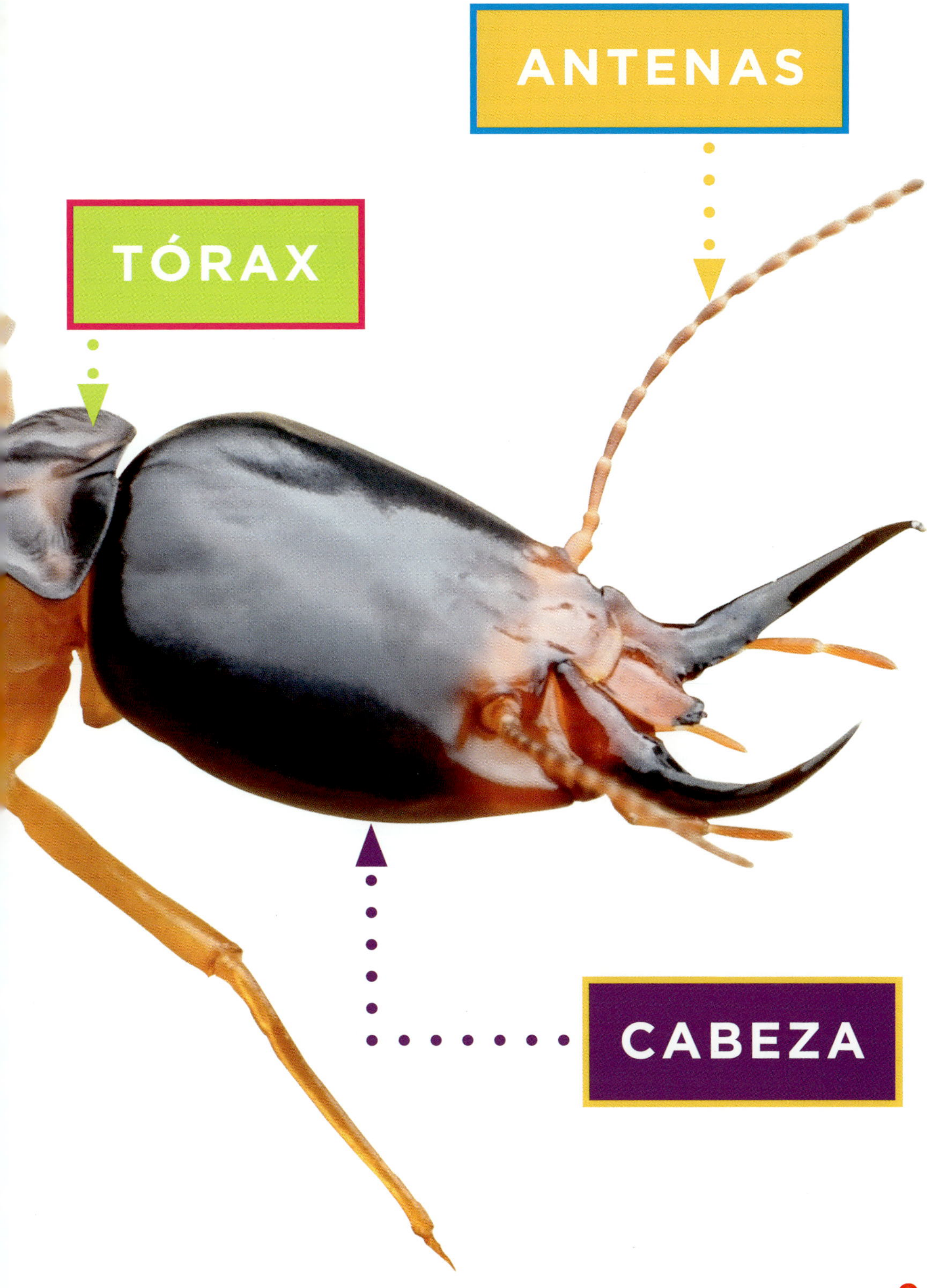
ANTENAS
TÓRAX
CABEZA

CAPÍTULO 2

DÓNDE VIVEN Y QUÉ COMEN

Hay muchos tipos diferentes de termitas. Viven en todo el mundo. Algunas viven cerca de las costas. A otras les gustan los bosques, los desiertos o las praderas. La mayoría de las termitas adoran los hábitats **húmedos**.

Muchas termitas viven bajo tierra para evitar el calor.

BOSQUES

DESIERTOS

PRADERAS

MAPA DE DISTRIBUCIÓN DE LAS TERMITAS

Las termitas viven en todos los continentes excepto en la Antártida.

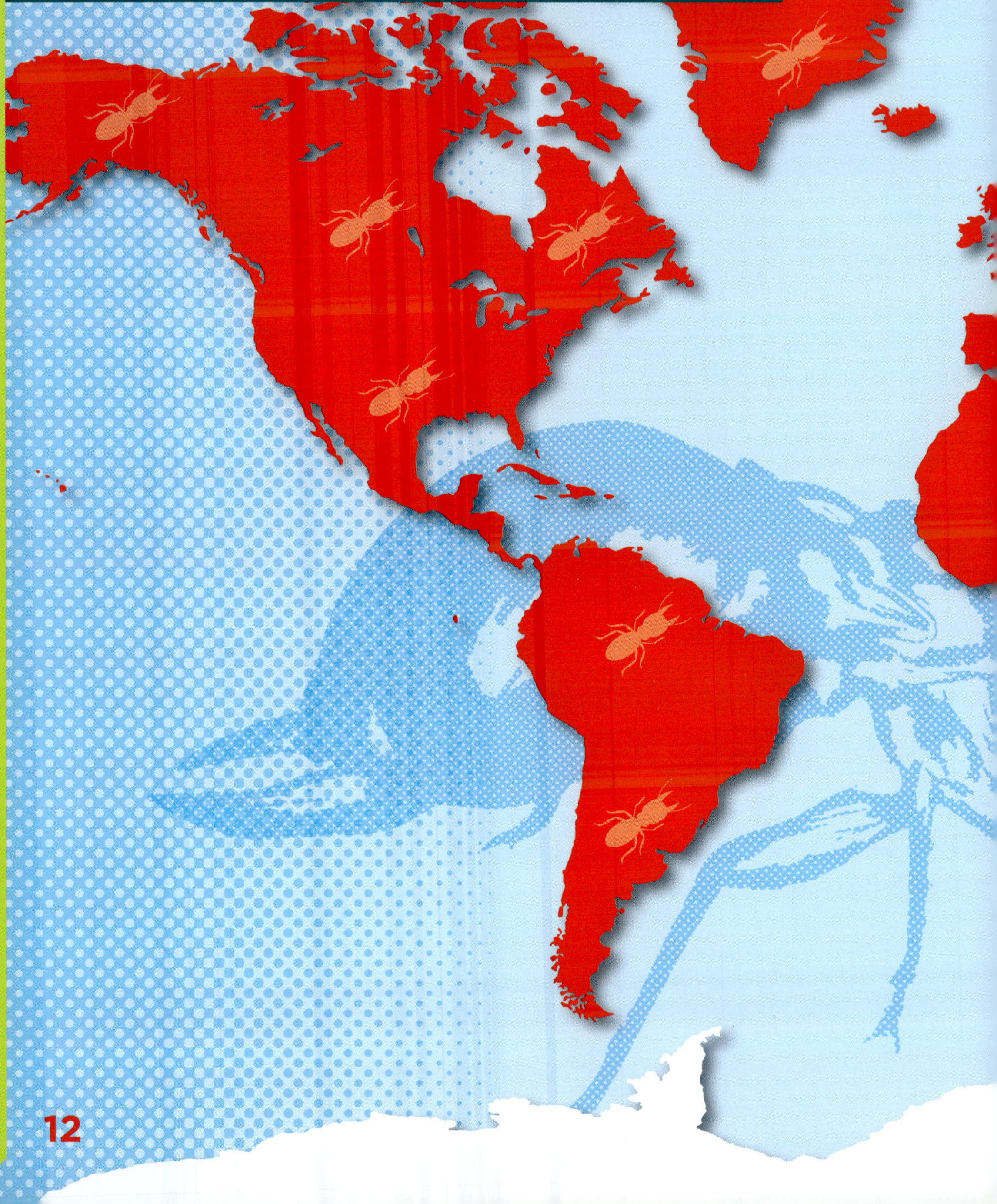

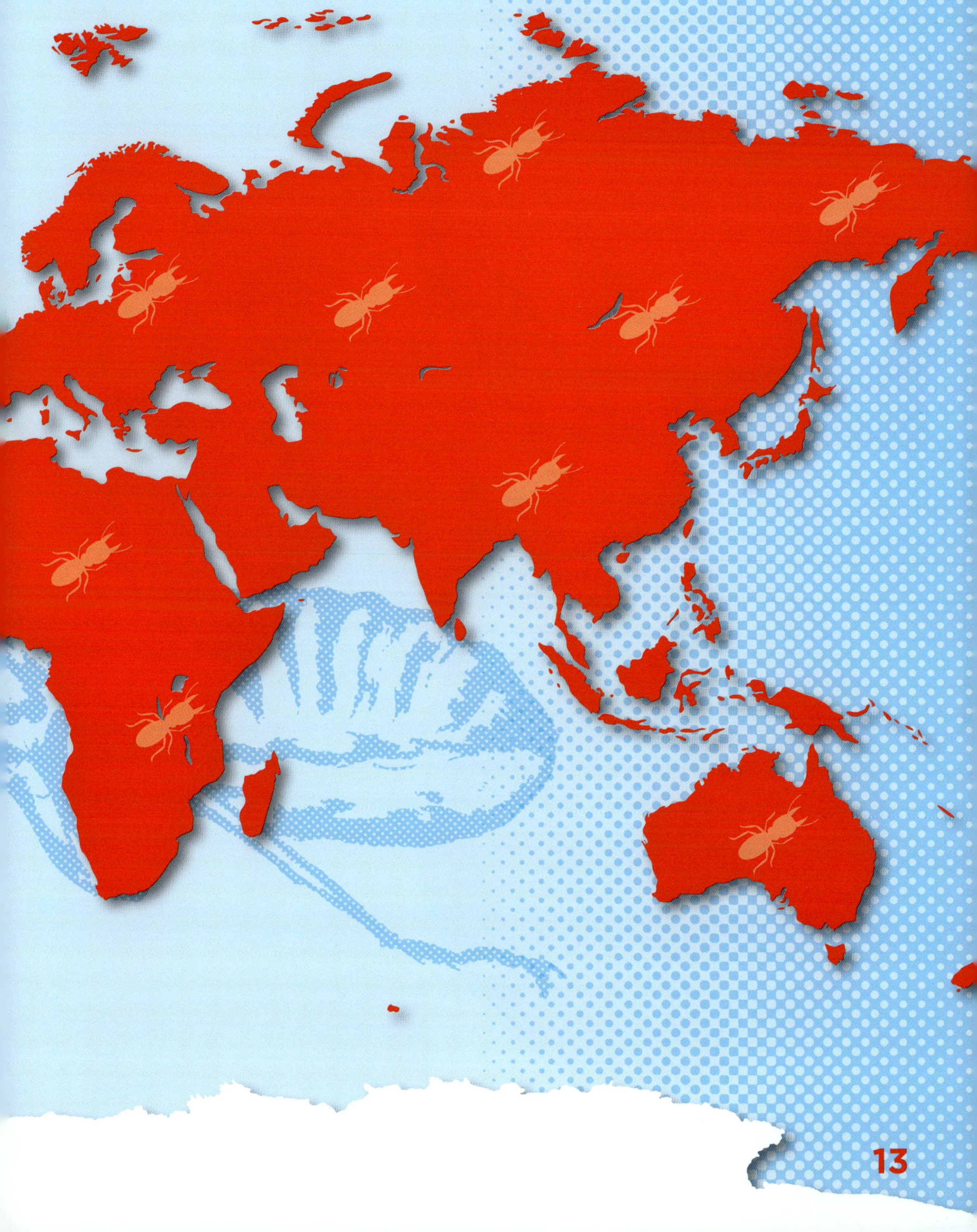

Diferentes tipos de nidos

montículos y colinas

nidos en la madera

nidos bajo tierra

Nidos y montículos

Las termitas construyen casas de lujo. Algunas hacen nidos en la madera que comen. ¡Otros nidos son palacios de excremento! Las termitas los hacen de tierra, saliva y excremento. Los montículos pueden elevarse por encima del suelo o estar escondidos debajo.

¿Qué hay de comer?

Las termitas comen plantas y árboles muertos. A algunas termitas les gusta la madera en la que crecen **hongos**. Los hongos descomponen la madera. Esto hace que la madera sea más fácil de **digerir** para las termitas.

Hay un tipo de bacteria que ayuda a las termitas a digerir la madera. Sin embargo, no nacen con esa bacteria. Las obreras deben alimentar a las termitas jóvenes con su excremento para pasarles la bacteria.

CAPÍTULO 3

VIDA FAMILIAR

Las termitas viven vidas secretas. La mayoría nunca abandona sus nidos. Las termitas que tienen alas vuelan en grupos. Se van en enjambres para hacer sus propias colonias. Estas termitas **se aparean**, encuentran un hogar y pierden sus alas.

Crías de termita

Las termitas reina y rey pasan su vida apareándose. Producen las termitas que llenan su colonia. Con el tiempo, la reina se vuelve demasiado grande como para moverse. Las obreras y el rey cuidan de ella y de las crías.

Las obreras llevan los huevos de termita a celdas especiales para su cuidado. Las obreras luego alimentan a las crías una vez que eclosionan los huevos. Las termitas jóvenes se convierten en soldados, obreras o futuras reinas y reyes.

Las termitas obreras solo viven unos dos años. Algunas reinas pueden vivir más de 10 años.

CICLO DE VIDA de la termita

Las reinas dan a luz los huevos.

Las larvas mudan y se convierten en adultos.

Después de varias semanas, los huevos eclosionan y salen las larvas.

Las termitas obreras alimentan a las larvas.

Cadena alimentaria de la termita

Esta cadena alimentaria muestra qué seres comen termitas. También muestra lo que comen las termitas.

CAPÍTULO 4

Sus funciones en el mundo

Las termitas tienen funciones importantes en el mundo. Una de esas funciones es ser alimento. Muchos animales comen termitas. Las hormigas marchan hacia los nidos y atacan.

Termitas útiles

Las termitas no son solo comida. También son recicladoras. Sus cuerpos descomponen la **fibra** de las plantas. El excremento de las termitas ayuda a crear un suelo nuevo y mejorado. Tener un suelo sano significa que las plantas y los bosques estarán sanos.

Algunas termitas soldados rocían una sustancia pegajosa a los atacantes. Esta sustancia atrapa a los atacantes.

¡CUESTIÓN DE NÚMEROS!

más de
2 millones
CUÁNTAS TERMITAS PUEDEN VIVIR EN UNA COLONIA

HASTA
30.000 HUEVOS
CUÁNTOS HUEVOS PUEDE PONER LA REINA POR DÍA

MÁS DE
2.000
CANTIDAD DE ESPECIES DE TERMITA

CUÁN ALTOS PUEDEN SER LOS MONTÍCULOS DE LAS TERMITAS

más de 17 pies (5 metros) de altura

GLOSARIO

aparearse: unirse para producir cría

bacteria: un pequeño ser vivo

colonia: grupo de animales del mismo tipo que viven juntos

comunicarse: compartir información, pensamientos u opiniones para que se entiendan

digerir: cambiar la comida que se come a una forma en que el cuerpo pueda usarla

fibra: material mayormente no digerible que se encuentra en los alimentos

hongo: ser vivo, similar a una planta que no tiene flores, que vive de cosas muertas o en descomposición

húmedo: con mucha humedad en el aire

químico: sustancia que puede causar un cambio en otra sustancia

reproducirse: crear nuevos individuos del mismo tipo

vibración: un movimiento rápido de un lado a otro

ÍNDICE